어긋장

어깃장

김수봉 시집

세종출판사

••• 자서

지난 해에 첫 시집을 내었는데 해를 이어 올해 또 두 번째 시집을 내게 되었다. 남들은 너무 급하게 서두른다고 은근히 나무라기도 한다.

필자 자신도 덜 익은 감을 따듯이 숙성되지 못한 시를 발표하는 것이 아닌가 걱정되기도 한다.

그러나 필자는 남들보다 너무 늦게 등단을 했고 남은 날이 산 날보다 훨씬 적을 것으로 판단되기 때문에 남들의 절반만큼이라도 성과를 내려면 남들보다 서둘러야 한다는 강박관념에 빠져있는지도 모르겠다.

아무튼 묵혀둔다고 더 숙성되고 맛이 더 좋아질 가능성은 별로 없고 또 시는 그러한 시를 쓸 때의 순간적인 포착과 영감이 중요하다. 이런 점에서 시간을 두고 거듭 가다듬는 것보다 시를 쓸 당시의 생각과 느낌을 살리는 것이 더 중요하다는 판단에 처음 쓴 그대로 출판하기로 했다.

덜 익어서 떫고 쓴 맛은 순차적으로 발표되는 시집을 통해 어떻게 그런 맛을 극복해 나가는 가를 보여주는 것도 독자에게는 오히려 재미가 아닐까 한다.

　시집의 구성은 시를 쓴 시기에 따라 매梅. 란蘭. 국菊. 죽竹. 송松. 다섯 부분으로 나누어서 총 92편의 작품을 실었다.

　많은 관심과 질정을 부탁드린다.

2020. 5.

김 수 봉 배(拜)

차례

자서 / 4

제1부
매梅

아이스바 Ice bar	13
시간	14
어느 영감의 하루	16
불전佛前 사물四物	18
부처님 오신 날	19
은사님 병문안	20
봄철의 산행	22
관점의 차이	24
5월의 장마진 날	26
아름다운 마감	27
출판	28
공휴일	29
아파트	30
초미세먼지	32
편견偏見	33
나의 시 쓰기 2	34

제2부

란 蘭

똥	39
낙엽	40
낮술	41
노년의 추억	42
옹이	43
잡초	44
창작	45
청맹과니	46
탐욕	47
개구리 울음소리	48
마음비우기	49
바람직한 삶의 자세	50
예측 가능한 삶	51
나의 시 쓰기 3	52
고통의 미학	53
삶의 자세	54
마음 1	55
내 신발	56
나의 손자녀	58

제3부

국菊

단풍	63
새벽 닭울음소리	64
안분安分	65
출판의 양면성	66
옷장	68
9월의 장맛비	69
대학 동기의 해후邂逅	70
분수分數	72
이상화 시인을 그리며	73
조국 - 인사청문회	74
마음 2	75
태풍 타파	76
별	78
색즉시공色卽是空	79
시상詩想이란	80
인생	82
진실	83
초심	84
허망한 꿈	85

제4부

죽竹

어깃장	89
아름다운 소리	90
침묵	91
마주앉는 이유	92
마지막 잎새	94
인생길	96
일생一生	97
부부夫婦	98
의문	99
변명	100
나에게 시詩는?	101
겨울비와 늙은 영감	102
치매癡呆	104
선線	105
현명한 처세	106
개미의 하소연	107
욕망	108
두 여류시인의 시집을 읽고	109
12월의 달력	110

제5부

송松

나의 시 쓰기 1	113
그리운 너	114
파도	116
젊은 날의 꿈	118
무미한 삶	119
무료한 여름날	120
산과 바다의 사랑	122
삶의 위로	124
추억	126
섬	127
2019년도 부산의 첫눈	128
물의 운명	129
인연	130
인터넷이 고장 난 어느 날	132
아내의 새벽기도	134
지하철	136
출세	137
맏 누님의 죽음 앞에서	138
회한	140
발跋	141

제1부

매 梅

아이스바Ice bar

인생은 아이스바Ice bar다.
냉동고를 나오면서부터
들고만 있어도 녹아내리고
맛있게 먹어도 사라진다.

들고만 있으면
녹아서 손만 더럽히고
마침내 막대만 남지만
맛있게 먹으면
달달하고 시원해서
없어진 뒤에도
기억되고 추억된다.

아이스바Ice bar는 인생이다.
나는 오늘도 내 아이스바Ice bar를
한입 맛있게 먹고 싶다
함부로 녹아내리기 전에. (2019.2)

시간

경배하라! 시간을

시작도 없고 끝도 없지만 한 번도 후진한 적 없고
비틀거리거나 곁눈질한 적도 없는
직진만이 그의 본성

형체도 없고 보이지도 않지만
모든 존재의 화복과 생멸과 시종을 주재하는
죽살이의 종결자

가는 것도 오는 것도 아니지만
한 번도 쉰 적도 멈춘 적도 게으름을 피운 적도 없는
평생 개근의 모범생

왕후장상 고관대작 비렁뱅이 무지렁이
지위고하 막론하고 누구도 차별 없는
공평한 심판관

아무리 원해도 더 주지 않고
아무리 싫어해도 덜 주지 않는 냉정하고 공정한
배분의 끝판왕

어떤 은원도 생사화복도
마침내 해결하고 묻어버리는
절대 무쌍의 해결사

있는 것도 없는 것도 아니지만
어느 누구도 되돌리거나 멈추거나 피할 수도 없는
절대 권능의 권력자

잃기는 쉬우나 얻기는 어렵고
후회해도 절대 돌이킬 수 없고
움켜쥘수록 쉽게 빠지는 모래알 같은

시간을 경배하라! (2019.2)

어느 영감의 하루

전망 좋고 널찍한 거실 공간
남들이 부러워할 만한 통장 잔고
자립한 자식들과 걱정 없는 삶

오늘 아침도 다리를 끌고 다니며
냉장고에 넣어둔 아침밥을 챙겨 먹는다
아내는 새벽부터 딸네 집 손자 도우미
오후는 노래교실과 계모임 등등

영감은 하루 종일 쭈그려 앉아서 TV만 본다
TV를 보며 혼잣말로 중얼거린 것 이외에는
말해본 것이 언제인지 기억조차 없다

밤늦게 돌아온 아내
눈감고 누운 남편 숨 쉬는가 확인 한다
모르는 척하다가 가끔씩 눈을 뜨면
맛있는 음식 냉장고에 있으니 챙겨 먹어란다

어떤 날 대꾸라도 하면 잔소리 한다 짜증내며
심심하면 밖으로 나가 바람이라도 쇠라한다
다리가 좋지 않아 못 나감을 알면서도

가끔은 자식들도 찾아와서 안부를 묻지만
요양병원 걱정되어 이상 없다 말하면
건강해서 다행이라며 서둘러서 돌아간다

남들은 성공한 영감이라 부러워하지만
젊은 시절 고생만 하고 돈은 써보지 못했기에
돈이 아깝고 노후가 걱정되어 쓸 줄도 모른다

그래도 살아있는 게 어디냐며 환하게 웃는다
영감의 하루는 내일도 글피도 오늘과 같겠지 (2019.5)

불전佛前 사물四物

절간의 한 모퉁이
속을 비운 불전 사물
새벽 저녁 한 차례씩
자신을 두드린 무욕의 불성으로
이 세상 모든 중생을
제도하고 구제한다
속을 비운 부처님 조화다

언제나 마음을 비웠다는
정치인과 권력자들
내 놓는 소리마다
미움과 비난과 탐욕뿐
아마도 마음만 비우고
욕심은 채웠나보다

우리도
비우고 더 비워서
탐욕까지 비운다면
속 비운 그 자리에
사물은 아니라도
맑고 아름다운
목탁 소리는 자리하겠지 (2019.1)

부처님 오신 날

두 손 모아 무릎 꿇고
삼천 배를 올려도
얼음에 박 밀듯
밤새워 불경을 외워도
세 절을 찾아다니며
연등을 달고 또 달아도
심우도의 소 그림자는
기미조차 없었다

욕심을 줄이고
마음을 닦고 비우며
모든 것을 내 탓이라 여기고
나를 내려놓으니
기대와 실망이 줄어들고
번뇌와 슬픔도 사라지며
마음속 어디에선가
가섭존자의 미소가
보이는 듯 들리는 듯
나만의 착각일까? (2019.5)

은사님 병문안

지상과 천상의 중간
이승과 저승의 경계
살아서 들어가서
죽어야만 나올 수 있는
중천中天의 요양병원

누구는 코에 호스를 꽂아 밥을 먹고
누구는 목에 구멍을 뚫어 숨을 쉬고
누구는 산소 호흡기를 달고 누워서
산 시간과 살 시간은 조금씩 다르지만
머지않아 함께 갈 중천의 동료들

눈을 떠도 감아도 누가 누구인지
자신이 누구인지조차 모르는 사람들
돌아보면 헛것이요
깨고 나면 춘몽인 것을
무슨 미련 그리 많아 숨쉬기도 힘들면서
잡은 손 움켜쥐고 중천을 떠도는지

몰아쉬는 숨소리와
신음하는 앓는 소리만 가득한 병실에서

내일의 나 자신을 보는 듯한 착각에
생불여사한 그 모습이 너무나 참담하여

보호 장갑 끼고 누운 은사님
무거운 팔뚝 한 번 만져보고
음성은커녕 눈빛조차 맞춰보지 못한 채
쾌유만 기원한 뒤 안타까운 마음과
눈물 몇 방울 남겨두고
서둘러서 돌아섰다. (2019.4)

봄철의 산행

봄 산을 산행하며
환상 같은 꽃구름을 차일삼아
꽃그늘에 우두커니 혼자 앉아서
꽃 사이 노니는 새들의 노래 소리가
저렇게 찰지고 아름다운데
내 마음은 왜 자꾸 답답하고
서늘하기만 한 것일까 이상하게 여기다가

4월이 되니 '황무지'란 시를 쓴 엘리엇처럼
나도 의식이 있는 시인이 되려는가보다 하며
어깨가 으쓱해지기도 하다가

나 정도의 시인에게는 외손자 감기 때문에
아내한테 아침밥도 못 얻어먹게 된 처지가
짜증났기 때문일 것이라 변명도 하다가

일제강점기의 의열단 단장 김원봉의
독립투쟁보다 이념이 중요하다는
어느 국회의원의 세치 혓바닥에
너무 놀랐기 때문인가 탄식도 하다가

세상은 항상 내 뜻과는 상관없이 흘러갈 뿐이고
나의 모든 생각들은 봄철의 부질없는 백일몽일
것이라고 스스로 변명하며
칼칼한 마음을 축일 막걸리 생각에
서둘러 산을 내려오고 만다. (2019.4)

관점의 차이

산골짜기로 쏟아지는 물줄기
성난 황소처럼 지축을 흔들며
나를 향해 달려온다
거칠고 험한 모습에
기가 눌려 뒤돌아서면
물은 힘차고 시원하게
발밑을 흘러갈 뿐
나는 개울의 다리위에 서 있다

무엇에 화가 난 듯
무서운 속도로 달리는 차들
나를 향해 달려온다
놀라서 뒤돌아서면
각양각색의 차들이 내 발밑을
줄지어서 지나갈 뿐
나는 도로의 육교위에 서 있다

사나움과 무서움은 허상이고
힘차고 시원함은 실상일까?

이 세상의 모든 선악과
정의와 역사와 진실도
위치와 관점의 차이일 뿐
색즉시공 공즉시색일까? (2019.4)

5월의 장마진 날

빗물이 고독처럼 창문을 두드리는 아침
우두커니 창가에 혼자 앉아

먹이를 찾아 빗속을 헤매는 새와
며칠 동안 울리지 않는 휴대폰만 지켜보며
자식들도 쓸데없고 사는 것도 재미없다
왜 이렇게 살아야 하는가 생각하면서

내 삶의 기쁨과 슬픔 성공과 좌절
부모형제에 대한 그리움과 아픔 등등
내 평생의 모든 역정을 반추해 보지만

내 한 평생의 추억이 하루해보다 짧고
약간의 굴곡지고 맵고 신 맛을 제외하면
너무나 평범하고 밍밍해서
참으로 무료하고 하찮다고 생각하다가

내가 이렇게 사는 것도 따지고 보면
다 그만한 이유가 있을 것이란 생각에
불이 켜지기 시작하는 도시의 빌딩과
먼 바다에 정박한 배들의 불빛을 바라보며
그래도 내일은 새로운 태양이 뜰 것을
기대하며 자리를 턴다 (2019.5)

아름다운 마감

태양은 뜰 때 맑고 밝고 찬란하여
만인에게 환호와 희망을 주지만
질 때도 더 붉고 더 장렬하여
만인의 가슴속을 아름답게 물들인다

꽃은 필 때 보드랍고 아름다워서
모든 사람의 사랑을 받지만
떨어질 때는 더 애절하고 안타까워서
만인의 가슴속에 애잔한 잔영을 남긴다

인간도 태어날 때는 귀엽고 사랑스러워
만인의 축복과 사랑을 받지만
죽을 때는 탐욕과 오만으로
회한과 오욕과 추악함만 남긴다

우리도 저 꽃과 태양처럼
갈 때도 아름답고 안타까워서
만대의 가슴속에
꽃다운 자취와 추억을 남길 수 있다면
지금 진다고 해도 무슨 한이 있으랴. (2019.1)

출판

결혼이 통속적이라 비아냥거리며
이혼과 졸혼이 유행을 해도
자녀가 장성하면 혼인시키고
후손을 보는 것이 부모의 기쁨이듯

저급한 출판은 공해를 유발하고
읽히지 않는 책은
작가의 눈물만 요구한다지만
뭇별이 있기에 달밤이 더욱 빛나듯

작가가 언어를 조탁하여 의미를 낳고
작품이 쌓이면 출판을 꿈꾸는 것은
작가의 보람이자 삶의 의미이고
고통스러운 영광이자 슬픈 운명이다 (2019.5)

공휴일

와! 신난다.
내일은 공휴일이다

출근 안 해도 된다
늦잠을 자도 괜찮다
놀아도 잔소리 할 사람도 없다

모든 것이 내 세상
내가 왕이고 절대자
참 좋다

어제가 공휴일이었는데
오늘 또 공휴일이 기다려진다
인생 끝까지 공휴일만 계속 된다면
얼마나 좋을까

그러나 매일이 공휴일인 지금
평소의 공휴일처럼
평일이 그리워진다면
고량진미에 물려 토장국을 생각하는
이기적인 심술일까? (2019.1)

아파트

대단지마다
높은 담벼락과 철책
지문인식 출입문
외부인 출입금지
담장부터 외부 차단

집 번호인식 공동현관
비밀번호 엘리베이트
밤낮 없는 경비 순찰
낯선 사람 출입금지
현관에서 외인 차단

철대문의 첨단 잠금장치
덧붙인 보조 잠금장치
현관중문 창문 새시
모든 사람 출입금지
대문에서 이웃 차단

방문마다 잠금장치
사람마다 노크하기
바람마저 출입금지

내 마음도 잠금장치
완벽한 차단 완성

야호! 신난다.
완벽한 외부 차단
안전한 나의 삶

앗뿔사!
완전한 위리안치
독방에 갇혔구나 (2019)

초미세먼지

눈에 보이지도 않고 만질 수도 없고
소리도 나지 않지만
단숨에 온 세상을 뿌옇고 흐릿하게 만드는
공포의 전령사 초미세먼지

네 탓이요 내 탓이요 삿대질만 하는 사이
눈도 없고 귀도 없어 듣보지도 못하는지
염치없이 찾아오는 치명적인 불청객
인간 탐욕의 사생아 자승자박의 괴물

오늘도 희뿌연 색깔로 온 세상을 뒤덮고
날카로운 이빨로 목숨을 담보하며
탐욕을 줄이라고 숨쉬기를 위협 한다. (2019.1)

편견偏見

성공과 실패도 관점과 처지에 따라
전화위복 새옹지마塞翁之馬라서
성공해도 다 가질 수 없고
실패해도 다시 일어설 수 있다

시련과 좌절도 시각과 대응에 따라
성공의 어머니가 되기도 하고
새로운 도전의 기회도 된다

행복과 불행도 다정한 맞수
마음이 스스로 만든 것일 뿐
언제나 밖에서 오는 것은 아닐 터

관점에 따라 무지개에서 열 가지
향기를 느낄 수도 있고
햇빛에서 어두운 그림자를
맛볼 수도 있다. (2019.1)

나의 시 쓰기 2

시는,
생략을 통한 함축과
내재적 운율을 지녀야 하고
시어를 조탁하고 가다듬어서
이현령비현령耳懸鈴鼻懸鈴하고
녹피鹿皮에 가로왈曰 같아서
행간에 의미를 담아야 한다기에

나도 텃밭을 일구고 골을 지어
골마다 콩 심은 데 팥도 나고
팥 심은 데 콩도 나기를 바라며
날마다 달마다 거름 주고
김을 매고 애를 썼지만

김매고 거름 줄수록
밭고랑마저 사라진 텃밭에는
콩은커녕 잡초만 무성하고
팥 심은 곳은 물기조차 사라진
관념의 자갈들만 가득했다

메마른 나의 텃밭에도
천둥 같은 소낙비가 내려
새로운 밭고랑이 생기고
콩과 팥이 하나 되는
그런 날이 빨리 왔으면 (2019.6)

제2부

란蘭

똥

똥이 더럽다 욕하지 마라
똥은 되고 싶어서 똥이 되었겠나?
똥도 처음에는 맛있는 밥이고 향기였다

사람은 똥을 담는 그릇이고
똥을 만드는 기계지만
똥은 똥이 될 때까지 자신의 모든 것을
똥을 만드는 누군가에게 주기만 했고
똥이 된 뒤에도 모두를 위해 봉사만 한다

너는 언제 한 번이라도
다른 누구를 위해 똥이 되어 본 적 있나?
똥은 똥이 되면서도
똥을 만든 누구도 원망하지 않는다

똥이 더럽다고 함부로 치지 마라
똥도 자주 치면 튀는 수가 있고
똥 힘으로 사는 누구에겐
똥은 밥이고 하늘이다 (2017.7)

낙엽

여린 연두로 태어났지만
태양의 사나움도 오히려 향유하며
짙은 녹색의 싱그러움으로
사랑받다가

모든 것 다 내주고
울긋불긋 멍들어도
그 색깔과 아름다움으로
오히려 찬양 받고

가볍게 흔들리며 떨어질 때도
너무 아름다워서
안타까움과 애절함으로
만인의 심금을 울리는 낙엽

너처럼 살다가
곱게 물들어 떨어질 수 있다면
언제 떨어진들 무슨 한이 있으리 (2019.8)

낮술

낮술 먹고 취하면
아비도 몰라본다는데
점심밥 대신 마신 맥주 몇 잔에
기억조차 희미한 아버지가 생각난다

소처럼 평생 일만 하시고
그렇게 좋아하시던 술도 놀음도
마음껏 해보지 못하셨던 아버지
평생의 소망이 무엇이었는지
말씀도 한번 해보지 못한 채
죽어서도 혼자 누워 외로우신 당신

아비로 산다는 것이
여름철 한낮의 땡볕처럼 버거운데
목매여 우는 매미소리만 더위에 취한 듯
가는 여름을 절규하고 있구나 (2019.8)

노년의 추억

여름비 오는 날 낙화를 쓸면서
떨어진 꽃들이 내 신세와 같다는 생각에
못난 내 인생을 서러워하다가

날씨 탓으로 일찍 끝난 공공근로
우산을 받치고 귀가 중 우연히 생각난 노래
'동그라미 그리려다 무심코 그린 얼굴'

아무리 생각해도 뒷 구절이 생각나지 않아
고장난 카세트처럼 한 구절만 반복하다가
갑자기 떠오른 그 얼굴
커다란 두 눈에 반짝이던 눈동자

생각하고 생각해도 흐릿한 그 얼굴
그래도 그리운 그 얼굴 그 눈동자
그리고 또 그리다 마침내 도착한 우거

같은 노랫말만 흥얼대며
대문을 여는 늙은이
콧노래에 겹쳐지는 쓸쓸한 뒷모습
첫사랑의 추억이 오버랩 된다. (2019.6)

옹이

나무에는 여러 개의 옹이가 있다
부러진 가지의 생채기 때문에
비바람의 시련을 감내한 응어리로
눈서리의 고통을 인내한 한(恨)으로
옹이가 생긴다

사람도 나무처럼 옹이가 생긴다
사람을 위해
사람답기 위해
사람 때문에
자신도 모르게
마음속에 옹이가 박힌다

잘난 사람은 잘난 대로
못난 사람은 못난 대로
누구나 훈장처럼
몇 개의 옹이를 박으며 산다
크기와 정도만 다를 뿐 (2019.6)

잡초

쑥은 화초가 아니라고 새싹부터 잘리고
개망초는 약초가 아니라고 허리가 꺾이고
바랭이는 생명이 질기다고 뿌리까지 뽑힌다

온갖 고통과 시련 참고 견디며
다음 해 봄날을 기대해보지만
해마다 떡잎부터 잘리는 잡초들

오늘도 잡초를 뽑는 너는
누구에게나 이롭기만 한 존재였고
누구에게나 아름답기만 한 존재였으며
언제나 바람직한 존재였는가?

잡초는 그곳에 그렇게 살고 싶어서
잡초가 되었겠나?
못난 자가 있어 잘난 자가 멋지듯
화초는 화초대로 잡초는 잡초대로
존재 이유와 의미가 있는 것을 (2019.6)

창작

부자는 잘 먹을수록 탐욕을 키우지만
예술가는 물만 마셔도 공감을 키우고

채금자는 모래를 일어 황금을 캐지만
작가는 언어를 조탁하여 의미를 만들고

정치가는 공약의 대가로 권력을 얻지만
작가는 생명을 담보로 영감을 얻고

닭은 삼칠일을 품어 병아리를 낳지만
작가는 평생을 앓아 한 작품을 낳는다

농부가 재미로 농사를 짓지 않듯
작가도 목숨을 걸고 작품을 창작한다 (2017.6)

청맹과니

인간은 누구나
정안正眼으로 태어났지만
어린 시절은 보여주는 대로
보고 믿는 청안靑眼이 되었다가

청춘 시절은 무엇이든
의심하고 부정하는
사시斜視가 되며

장년이 되어서는 모든 것을
보고 싶은 대로만
보고 믿는 색맹色盲이 된다

늙어서는 보고도 못 본채
안보고도 본채
어느 것이 나에게 이로운지
누가 힘이 더 센지만 따지다가
난시亂視로 죽는다

인간은 정안으로 태어났지만
사시와 색맹으로 살다가
결국 난시로 죽는
청맹과니인가 보다 (2019.6)

탐욕

비우고 더 비우면
갈 때도 가볍고
인생이 행복해진다기에

아침마다 기상하면 큰 것부터 비우고
잘 때까지 작은 것도 자주자주 비우면서
가끔은 하루 종일 설사도 해보지만
가볍기는커녕 성가시기만 할 뿐
더욱 무거워지는 몸과 마음

채우지 않는다면
비울 것도 없을 텐데
비울 때마다 더 많이 채우는
모순된 말과 행동

알면서도 비껴가지 못하는
세속적인 욕망과 기대
그릇을 엎어도 비워지지 않는 욕심 (2019.6)

개구리 울음소리

늦은 밤 아파트 뒷산의 개구리 울음소리
어릴 때 같이 놀던 고향 친구 불러오고
새벽녘 풍년조 솥 적다 우는 소리
배고파서 슬펐던 옛 추억을 소환할 때면

지금은 부모 형제 친구들 모두 떠나고
매캐한 공장 매연과 낯선 얼굴들과
등 굽은 소나무만
선산先山을 지키는 곳이지만

친구들과 어울려 냇가에서 버들치 잡고
콩서리 밀서리로 입술 까매지며
꼴 벤 후 발가벗고 저수지에서 목욕하던
그 친구 그 고향마을이
참개구리 손잡고 뒷산을 내려온다 (2019.7)

마음비우기

마음 비우려 애쓰지 마라
비웠다는 사람은 많아도
비운 사람은 많지 않다

비운다는 것은
현실을 초월하는 것이고
자신의 현재 삶과 단절하는 것이다

지금에 만족하고
더 이상 채우려하지만 마라
채우지 않으면 비울 것도 없다

마음은 쓰레기통과 달라서
뒤집는다고 비워지는 것도 아니다

가진 것은 움켜쥔 채
마음을 비우겠다는 것은
더 큰 욕심일 뿐이다 (2019.7)

바람직한 삶의 자세

나무는 잘생길수록 빨리 죽고
닭은 알을 잘 낳을수록 오래 산다
밤은 어두울수록 별이 밝게 빛나고
첫사랑은 비극적일수록 아름답다

누구는 거지로 떠돌다
나라를 세운 창업주가 되고
누구는 대통령이 될 줄
본인조차 몰라도 대통령이 되었다

누구는 천하를 통일하고
만리장성을 쌓았지만
50세도 못 살았고
누구는 역발산기개세였지만
오강에 빠져 죽었다

잘났다고 뻐길 것도
실패했다고 슬퍼할 것도 없다
모든 것은 팔자고 운명이다
그냥 최선을 다하며 살뿐이다 (2019.6)

예측 가능한 삶

내일 무슨 일이 어떻게 일어날지
정확히 아는 사람은 아무도 없다

젊은 시절에는
예측 가능한 삶을 위해
누구나 자신의 삶을 설계하고
목표를 향해 열심히 노력하지만
목표에 도달하거나 언제 도달할지
아는 사람도 거의 없다
두렵고 힘들지만 기대와 희망은 있었다

늙으면 내일을 아는 신통력이 생긴다
기상하면 일어나 세면하고 아침 먹고
TV보다가 점심 먹고 산책한 뒤
또 저녁 먹고 TV보다가 잠잔다
내일도 모레도 글피도 오늘 같다는 것을
누구나 다 예측하며 알고 있다

예측 가능한 삶은 희망이 없다
단지 생존일 뿐 삶이 아니다 (2019.6)

나의 시 쓰기 3

시상이 메마를 땐 다독하면 좋다기에
시화전 갔다가 얻어온 20여권의 시집
눈에 가시가 돋도록 읽고 또 읽어도

절반은 무슨 말인지 알 수가 없었고
절반의 절반은 알쏭달쏭했고
나머지는 긴가민가했을 뿐

그래도 그들은 수상受賞도 했고
출판비도 지원받았으니
무식한 나의 청맹과니를 탓할 수밖에

화려한 수사와 비약적 상상이 부러워
무엇인가 본받으려 애를 쓰다가
장미는 장미대로 국화는 국화대로
그만의 멋과 향이 있다는 생각에
그 때까지 부러웠던 마음을 내려놓았다 (2019.7)

고통의 미학

아름다움은 고통의 아들이다

절망 같은 일몰의 어둠 없이는
눈부신 일출의 희망이 없듯
암흑 같은 죽음의 두려움 없이는
아침 같은 삶의 기쁨도 없다

조개의 눈물어린 고통 없이는
진주의 우아한 아름다움도 없고
혹한을 감내하는 인내 없이는
봄꽃의 환상적인 아름다움도 없다

이별의 아픔 없는 사랑은 밋밋하고
고통 없이 이룬 성취도 환희가 없듯
굴곡 없이 평온하기만한 삶도
아름다운 시를 낳지 못한다

시련은 아름다움의 어머니다 (2019.7)

삶의 자세

쿠데타가 성공하면 창업주가 되지만
혁명도 실패하면 반역자가 되듯이
잘나서 성공하기보다는
성공해서 잘난 경우가 더 많다

성공한 자는 권모술수도 융통성이 되지만
실패한 자는 강직함도 고집불통이 되듯이
잘난 시인은 낙서를 해도
무의미의 시가 되지만
일반인은 밤새워 쓴 시도 낙서가 된다

무엇이 정의이고 무엇이 진리인가?
힘센 자, 이긴 자, 성공한 자, 가진 자가
정의이고 진리일까? 아니면 그 반대일까?
정의롭기 때문에 승리한 것이 아니라
승리했기 때문에 정의로운 것은 아닐까?

선후도 시종도 인과도 전도顚倒 되고
방법과 과정보다 결과만 중시되는
약육강식의 야생 정글
위보다 아래를 먼저 보며
항상 약자의 편에서
최선을 다하며 사는 수밖에. (2019.7)

마음 1

부모가 죽으면 땅에 묻고
자식이 죽으면 가슴에 묻는다

땅에 묻으면 금방 사라지지만
가슴에 품을 땐 상처가 남기에

자식은 쉽게 잊을 수 있어도
부모는 평생 못 잊어 앓는다

육체적 외상은 의약이 치료하지만
마음의 내상은 백약이 무효다

세월도 늙으면 비우고 내려놓듯
아프지 않으려면 품지를 마라
꿈도 사랑도 품으면 아프고 힘든다 (2019.8)

내 신발

외출하려다 바라본 내 신발
모서리는 변색되어 헤지고
바닥은 닳아서 구멍이 났다
민초들의 손바닥 발바닥처럼

어떤 신발은 신발장에 멋지게 보관되었다가
외출할 때마다 고급 승용차를 타며
몇 걸음 걷지도 않고 멋스러움만 자랑하는데
너는 못난 주인을 만나 하루 종일 무거운
체중을 싣고 어디를 가나 걷기만 하고
관리도 제대로 받지 못해
언제나 꿀꿀한 고린내를 풍기며 고생만 했다

잘난 신은 비싼 값과 멋진 디자인을 자랑하며
평생을 애완견처럼 고상하게 지내다 가는데
너는 헐값에 팔려 와서
가장 낮은 곳에서 힘들게 일하고
가장 더러운 곳을 끝없이 걸으며
주인이 원하는 곳이면 어디든지 갔지만
그래도 낡아지면 잠시의 망설임도 없이
쓰레기통에 버려진다

다 주고도 버림받는 너의 신세나
애완동물보다 못한 기층민의 삶이나
오십보백보란 생각에 헤진 신발 모서리가
안쓰러워 다시 한 번 쓰다듬어본다 (2019.8)

나의 손자녀

억겁의 세월 동안
우주를 비행하다
어느 날 갑자기
지구를 찾아온 운석처럼
너는 나의 운명

빛의 속도로
억만년을 비행하여 마침내
지구에 도착한 별빛 같은
너는 나의 행운

부처님과 하느님이
삼신할매 손을 빌어
점지하신 나의 손자녀
너는 나의 보배

너는
보고 있어도 보고 싶고
생각만 해도 행복한
내 삶의 오아시스
나의 요술램프

건강하게 무럭무럭 자라서
부귀공명 현부모는 가문의 영광
무병장수 평강행복은 만인의 소망
유방백세 만대유전
기원 기원 기원 (2019.2)

제3부

국菊

단풍

얼마나 힘들었을까?
붉게 물들 때까지

얼마나 아팠을까?
핏빛으로 물들 때까지

얼마나 고통스러웠을까?
저렇게 아름답게 물들 때까지

핏빛으로 물든 그 마음
짙을수록 아픔도 컸을 텐네

다 내려놓고 가장 아름다울 때
가볍게 떠나는 붉은 손짓

내려놓아서 더 고상하고
떨어져서 오히려 아름답구나. (2019.9)

새벽 닭울음소리

바뀐 환경에 적응 못해 뒤척이던 새벽녘
비몽사몽간에 들린 닭울음소리

새벽에 하기로 마음먹고 미루어 두었던
기말 시험공부가 걱정되어 벌떡 일어나보니

희미한 호롱불만 혼자 졸고 있는데
새벽부터 논두렁 풀을 베러 가시는
아버지의 기침 소리가 들린다.

안타깝고 반가워서 눈 부비며 밖에 나와
'아버지' 하고 불러보아도
일부러 기침하시던 아버지는 간 곳 없고

날이 밝아오는 나사리* 해변 팬션 저 멀리
바다가 나지막하고 사위四圍는 적막한데

함께 피서 휴가 온 아들과 사위의
코고는 소리가 더욱 정겹게 들린다 (2019.8)

* 나사리 : 울산광역시 울주군 서생면 나사리

안분安分

왕후장상의 씨가 따로 없다 해도
되는 자와 안 되는 자 따로 있고
모든 것엔 때와 운수가 있다

욕심은 더 큰 욕심을 낳고
화禍는 새로운 화만 키울 뿐
수렁은 몸부림칠수록 깊이 빠지고
상처는 구를수록 악화된다

최선을 다했는데도
엎어지고 자빠졌다면
원망도 후회도 하지 마라
그것도 내 분수고 팔자인 것을 (2019.8)

출판의 양면성

아무도 안 읽는 책 내어서 무엇 하나?
남들은 돈 버는 책 잘도 내는데
삶에 도움은커녕 고통만 주는
그런 책을 무엇 때문에 출판하는가?

수필집을 내려고 운을 떼다가
크게 한방 먹은 남편

얼떨떨한 정신에도 분한 마음 못 이겨
남편 책도 안 읽는 주제에 무슨 말인가?
읽어도 삶에 도움 안 되는데 왜 읽는가?

서로를 찌르는 험한 말이 오가던 중
아내의 비판에도 일리가 있다는 생각에
차라리 못난 붓을 꺾어버릴까 등등
온갖 부정적 생각으로 현실만 탓하다가

오직 글을 쓰고 남기는 것에만
의미를 두겠다던 초심을 생각하며

글을 쓰고 출판하는 것은
작가의 피할 수 없는 운명이라 변명하고
가족의 거친 삶을 살진 책으로 맞바꿀
비겁한 생각으로 까만 밤을 하얗게 지샌다 (2019.9)

옷장

옷장 안을 들여다보면
야누스의 두 얼굴이다

젊고 배고팠던 시절은
허름한 옷 몇 벌이 전부였고
양복 한 벌은 특별한 날을 위해
안쪽 모서리에 걸려 있었을 뿐
중앙에는 잘 차려 입고 싶어도
제대로 입을 옷이 없었다

늙으면 옷의 위치도 바뀌어서
중앙에는 아들딸 결혼식과
생일 때마다 새로 장만한 여러 벌의
좋은 옷이 걸려 있다
그 옷들도 지금은
단지 바라만 보는 옷일 뿐
입을 일들이 없어 그냥 걸려만 있다

옷이나 옷장도 인생처럼
참 아이러니하다 (2019.8)

9월의 장맛비

아침부터 종일토록 내리는 비
집안에 갇혀 있다는
답답한 생각에

우산에 떨어지는 빗방울 소리도
듣기 좋겠다는 핑계를 대며
무작정 길을 나선 비 오는 오후

오래지 않아서 요란한 빗줄기
사나운 비를 이기지 못하는 우산
신발 안을 질척이는 빗물

아랫도리의 축축한 불쾌감으로
일부러 산책 나온 체면을 접고
서둘러 돌아서며 생각난 진실

송충이는 솔잎만 먹어야 하고
비 오는 날의 낭만은 비에 젖어도
즐길 줄 아는 자만의 몫이란 것을

이런 날 나에게는 산책보다 소주가
제격이란 깨달음에 서둘러 돌아와
냉장고의 문을 연다 (2019.9)

대학 동기의 해후邂逅

꽃 피우기 위해
작별의 손 나눔도 못다 한 채
태양을 향해 광야로 달려간 지 40여년
무엇이 되어 어떻게 만날지 기약 없던 이별

누구는 벚꽃처럼 벌써 떨어졌고
누구는 국화처럼 늦게 꽃피웠지만
지금은 모두 나름의 열매를 남기고
새로운 계절을 준비하는 동기생들의 해후

20대의 풋풋함은 사라지고
강산보다 빨리 변한 60대의 중후함이
오히려 낯설고 어색했지만
동기생이란 동일성과 세월이란 연륜으로
금방 아이스크림 같던 학창시절 소환하고
두서없이 통속하고 사소한 이야기에도
말끝마다 꽃이 피고 웃음마다 향이 어렸다

너무나 반갑고 안타까운 만남이었지만
회자정리會者定離는 만고의 진리
못 다한 정은 추억 속에 넘겨주고

긴 이별과 짧은 만남을 위한
기약 없는 해후만 기약한 채
우리는 또 그렇게 작별과 손을 잡았다 (2019.8)

분수分數

도자기는 도자기로 만들어졌고
옹기는 옹기로 만들어졌듯
도자기는 도자기의 삶이 있고
옹기는 옹기대로의 삶이 있다

가끔은 옹기가 도자기로 착각되고
도자기가 옹기로 전락되기도 하지만
끝내 옹기가 도자기가 될 수 없듯
도자기도 마침내 옹기가 될 수 없다

비교하고 부러워하지 않는다면
옹기는 옹기대로의 멋이 있고
도자기는 도자기대로 아름다워서
나름의 의미와 향기가 있는 것을 (2019.8)

이상화 시인을 그리며

님은
빼앗긴 들에도 봄이 오기를
그토록 소망했지만

되찾은 들은 남북으로 쪼개지고
봄은 왔다고 하는데
동족상잔의 꽃샘추위를 지내며
아직도 그 상처 아물지도 못했다

물러갔던 이리 승냥이들
또다시 성난 발톱 세우고
호시탐탐 봄을 노리는데

잘나고 많이 가진 자들
자기 배만 더 채우겠다고
밤낮 집안싸움만 전심하니
님의 바람은 여전히 바람일 뿐

되찾은 들녘은
또 다른 겨울 한파로
오늘도 지친 다리를 절며
하루를 걸을 수밖에 없구나 (2019.9)

조국
– 인사청문회

아내를 죽이고
딸을 팔아
눈을 뜬 심봉사
행복한 삶을 살았을까?

아내를 죽여서
장관 자리를 얻고
딸을 팔아서
정의사회를 이루겠다는 조국

수신제가修身齊家보다
치국평천하가 더 쉽다했으니
평등한 기회와 투명한 과정
정의로운 결과를 기대해보지만

그렇게 이룬 사회가 정의로울지
혹시 조국까지 팔게 되지나 않을지
지켜보는 조국민의 입맛은 소태 (2019.9)

마음 2

하늘은 둥글고
땅은 모가 나든 말든
물은 형태도 색깔도 없다

하늘은 천하를 다 덮고
땅은 세상의 모든 것을 기른다지만
물은 크든 작든 언제 어디서든
하늘도 땅도 들여다보는
모든 것을 다 품을 수 있다

사람의 마음도
밴댕이소갈딱지 같다지만
물처럼 들여다보기만 한다면
시인이 세상을 품고 노래하듯
원수조차도 다 품을 수 있다 (2019.9)

태풍 타파

머리채를 낚아채고 옆구리를 쥐어박고
모가지를 비틀며 네 죄를 네가 알렸다
호령하는 타파에게

사하라 사막의
노래하는 언덕의 절규보다
애절한 목소리와 비굴한 태도로

키를 키워 남의 위에 군림하면서
햇볕과 바람을 좀 더 많이
향유한 것뿐이라는 미루나무와

덩치를 키워 좀 더
넓은 지역을 독차지한
것뿐이라는 벚나무의 변명에도

너희들의 것뿐이라는 것이
가장 큰 죄인 줄 모르는 것이
엄혹한 죄라는 타파의 호통소리에

하룻밤 사이에
털 빠지고 비루먹은 개같이
잎 떨어지고 가지 허리 부러진
덩치 큰 벚나무와 키 큰 미루나무

나무도 사람처럼
때가 있는 것이라서
후회할 때는 이미 때가 늦었더라 (2019.9)

별

밤하늘이 어두울수록
별은 빛나고 아름답다는데

도시의 밤하늘에 별이
보이지 않는 것은

태양이 더 빛나거나
어둠이 걷힌 탓은 아니다

그리움과 기다림이 클수록
밤은 어둡고 고독하지만

사무치게 그리운 밤을
하얗게 지새우다 보면
기다림에 눈이 세고

가없는 그리움이
가슴속의 별마저
지우기 때문 (2019.10)

색즉시공 色即是空

요즘 TV를 켜면
하루에 적어도 한 번 이상은
미스트롯 출신들을 보게 되고
그들의 노래를 듣게 된다.

어제까지의 무명 가수가
오늘은 유명 가수의
신데렐라가 되었다.

어제의 저들과 오늘의 이들은
서로 다른 사람일까 아닐까?
이전은 현실이고 지금은 꿈일까?
아니면 그 반대일까?

장자가 꿈에 나비가 되고
까까머리 상좌승이었던 성진이
꿈에 천하대장군 양소유가 되니*

어느 것이 진면목일까?
색즉시공 공즉시색일 뿐일까? (2019.10)

*성진과 양소유는 고소설 구운몽 속의 남자 주인공 이름.

시상詩想이란

때 아닌 기상이변인가
늦봄의 꽃샘추위인가
맑은 날의 천둥 번개인가

몇날 며칠을 두고
몸부림치고 고민해 봐도
기미조차 보이지 않았다

삶의 극한적 질곡 속에서
오히려 불후의 명작을 남겼던
선인들의 삶을 생각하며

고통을 찾아 힘겹게 등산도 해보고
밤새워 술을 마셔도 보고
무작정 길을 떠나 걸어 봐도

시상이란
아침 안개처럼 저녁놀처럼
부지불각에 신령처럼 슬며시
마음속에 들어오는 그런 것인지

한나절 만에
장성일면 용용수
대야동두 점점산이란
두 시구만 얻고 통곡했다는
김황원이 외려 부러울 뿐 (2019.10)

인생

먹구름이 아무리 심술을 부려도
걷히고 나면 하늘은
여전히 높고 파랗듯

세월이 아무리 빨리 흘러도
벚꽃이 겨울에 꽃을 피운다 해도
계절은 어김없이 때를 맞춘다.

우리의 인생도
잘나고 못난 사람
힘들고 어렵다 해도

지나고 보면 도진개진
빈손으로 가는 것은 마찬가지 (2019.10)

진실

여름과 겨울이 아무리 사나워도
피는 봄을 막을 수 없고
지는 단풍 잡을 수 없듯

다스는 누구 것인가
아무리 손사래치고 부정해도
다스는 명박의 것이듯

진실은
주머니속의 송곳 같아서
언젠가는 부리를
드러내기 마련

손바닥으로 하늘을 가리고
조국이 조국을 아무리 부정해도
조국은 조국일 수밖에 없다 (2019.10)

초심

실패하거나 좌절한 뒤에야
잃은 초심을 탄식하지만

매미가 굼벵이 때를 알 필요 없고
개구리가 올챙이 때를 알 수 없듯

상황이 변하고 욕망이 성장하면
초심도 변하고 잊는 것은 당연한 일

성공과 실패의 번복은
인간 삶의 공평한 분수이자
자연의 섭리이듯

환골탈태 전후의
초심이 서로 다른 것도
삶의 자연한 이치

잃은 초심 후회보다
지금에 최선을 다하는 것이
진정한 초심일 듯. (2019.10)

허망한 꿈

사람은
누구나 하룻밤 사이에
몇 채의 청기와집을
짓기도 하고 허물기도 한다
꿈속에서는

나도 하룻밤 사이에
몇 편의 시를 쓰기도 하고
퇴고도 몇 번씩 하기도 하지만
아침에 눈을 뜨면 머릿속은 하얗고
한마디의 시구도 생각나지 않는다

치매일까?
꿈속의 꿈일까?
인생처럼 안타깝다
아마도 꿈은 하얀 색깔인가보다 (2019.10)

제4부

죽竹

어깃장

어느 방송에서
연포탕의 펄펄 끓는 물에
산 낙지 풍덩 넣는 팽자형을 보고
참 맛있겠다 청중들 박수치고

물고기들 산채로 껍질 벗기고 포를 뜨는
박피와 능지형에도 굼틀대니
참 신기하고 별미겠다 군침 삼킬 때

다른 방송에서
애완견묘의 사고 부상 사망 소식 전하자
청중들 애통 감동하며 다 함께 조상하고

엄마가 귀찮아서 자기 딸을 때려죽이고
아들이 용돈 몇 푼에 부모를 토막 내자
청중들 가슴 치며 세태를 한탄한다

죄없이 오형五刑을 당하던 낙지와 물고기들
애완견묘에 딴지를 걸고
남의 고통을 즐기며 입맛 다시던
인간들의 분개에 어깃장을 놓고 싶다 (2019.11)

아름다운 소리

이 세상 모든 것에는 소리가 있다.
둔탁한 소리와 맑고 아름다운 소리

달도 기울어야 다시 찰 수 있듯
악기도 속을 비워야 소리가 맑고
사람도 마음을 비워야 말이 향기롭다

탐욕이 가득찬 말은
말마다 추하고 악취나지만
속 비운 말은 말하지 않아도
저절로 맑고 고운 향기가 난다

차고 비움이
때와 상황에 따라 다를 수는 있지만
맑고 아름다운 소리는
언제 어디서든 비운 것에서만 난다 (2019.11)

침묵

수다가 은銀인 것은
말로서 모든 진실을
다 말할 수 없고
말로써 말만 많기 때문

침묵이 금金인 것은
말 아닌 말로
할 말을 다하고
말로 할 수 없는
진실까지 드러내기 때문

말 못하는 침묵은
수다보다 못하지만
말 안하는 침묵은
소리가 나지 않을 뿐
말 없는 수다이자
수다 없는 큰 말이다 (2019.11)

마주앉는 이유

헤어지자 막말하는 너와
마주 앉는 이유는
말과 진심이 다름을 알기 때문

너의 옆에 앉지 않는 것은
안타까움과 슬픔에 울고 있는
내 심장의 떨림을
네가 눈치 챌까 부끄럽기 때문

눈 맞추지 않는 이유는
너의 말과 행동이 진심이 아니라는
서러운 네 마음 창피해질까
염려하기 때문

알고도 모르는 척 하는 것은
말하지 않아도 서로 아는 진심
마침내 깨닫게 되기를 기다리기 때문

돌아앉지 않는 것은 끝으로 향하는
쓸쓸한 내 등이 오히려 너를
더 아프게 할까 걱정하기 때문

내가 너와 마주 앉는 이유는
막말하는 네가 미워서가 아니라
아직도 너를 사랑하기 때문 (2019.11)

마지막 잎새

나뭇잎들이 다 떨어진 초겨울
혼자 남아 까치밥처럼
겨울바람에 떨고 있는 마지막 잎새

이른 봄부터 한 몸에서 태어나
늦은 가을까지 나무와 열매를 위해
동거동락하며 사생을 함께 했던 형제들
다 떠나가고 겨울까지 혼자만 남았으니
너는 정말 행운의 존재인가?

바싹 마른 몸매로 미풍에도 떨리며
그래도 떨어지지 않으려 애쓰는 그 모습
우리 동네 노인정 한쪽 구석에 붙박이로
앉아있는 백세 넘은 할머니 같다

다시 녹색으로 되살아나거나
활기찬 새 생명으로 살 수도 없고
아무런 희망도 기대할 것도 없는데
겨울이 다 가도록 버티며 매달려 있으니
정말 행복하고 고마운 일일까?

잡은 손 놓지 못하고
떨면서도 끝까지 버티고 있는 그 모습
개똥밭에 굴러도 무작정 이승이 좋다는
인간들처럼 애처롭다 (2019.12)

인생길

우연히 왔지만
반드시 가야하는 인생길
어린 시절은 천방지축 불가능을 몰랐기에
무엇이든 가능할 듯 아름답고 황홀해서
무지개 뜬 꿈길이었다

나이 들어 걸어보니
산은 높고 물은 깊어
자갈밭 험한 파도 형극의 가시밭길
엎어지고 자빠져서 손발톱이 다 닳았고
머리털도 다 빠졌다

늙어서 돌아보면
파란만장 인생길
남긴 자취 희미한데 해는 벌써 저물녘
무지개는 사라지고 앙금만 남아 있어
굽이마다 자탄이요
자국마다 회한이어라 (2019.12.17.)

일생 一生

봄이 되면
어떤 상황의 무슨 나무든
나무마다 머리를 내민 새싹이
연두색 잎에서 짙은 녹색이 되었다가
마침내 단풍들고 낙엽 되어 떨어지듯

인간도 어릴 때는
꿈을 만들고 꿈만 키우지만
나이가 들면 꿈과 현실이 갈등하다가
서로 타협하면서 사회인이 되고
그 후엔 현실이 꿈을 이기다가
마침내 꿈은 죽고 현실만 남을 뿐

은퇴 후에는 죽은 꿈을 돌아보며
현실을 관조하지만
늘그막엔 그조차도 내려놓고
낙엽처럼 조용히 돌아갈 뿐

이 세상 누구도 무엇도
자연의 일부로서 순환할 뿐
특별하거나 대단할 것은 아무 것도 없다
단지 나름의 의미를 부여하고
최선을 다할 뿐 (2019.12.28.)

부부夫婦

눈에 콩깍지가 씌었을 땐
사랑의 열정으로 부부의 의리로
가족이란 의무로 같은 곳을 바라보며
나는 너를 위해 너는 나를 위해
우산이 되고 바람벽이 되고자 했다

청춘이 지나면
사랑도 식고 자식도 떠나고
가족이란 끈도 느슨해져서
함께 있어도 춥고 외로워
자신만을 위한 갑옷을 입고
서로를 흘겨보며 살게도 된다

세월이 늙으면
사랑은 추억이 되고
부부의 의리도 서로의 짐이 되어
서로가 다른 곳을 바라보면서
소가 닭 보듯 서로 담을 쌓거나
투명한 존재가 되고 만다

자신을 위한 삶이 서로를 위한 삶이
되지 못하면 희미해진 가족의 끈은
오히려 서로를 힘들고 불편한 존재로 만들 뿐. (2019.12.19.)

의문

부지런히 일하면 잘 살 수 있다
가난한 사람은 게으른 사람일까?

착하면 상을 받을 수 있다.
상을 받은 사람은 모두 착할까?

공부를 잘하면 성공할 수 있다.
성공한 사람은 공부를 잘 했을까?

최선을 다했다면 후회할 필요 없다
후회하면 최신을 다하지 않았을까?

마음을 비우면 행복하다
불행한 사람은 모두 욕심쟁이일까?

정의는 마침내 승리한다
승리한 자는 정의로워서 승리했을까?

정말 그럴까?
온통 의문투성이다. (2019.11)

변명

사람은 분수를 알아야
행복할 수 있다는데

막과 막 사이 잠시 무료함을
달래주는 어릿광대처럼
남들은 은퇴하고 물러앉는 나이에
신인으로 등단한 나의 글쓰기

잘 쓰려 애쓰고 노력하면
분수를 모르는 지나친 욕심일까?
글쓰기에도 분수가 있는 것일까?

세상에 회자하는 불후의 명작들
대부분 작가의 만년에 이루어졌거나
사후에 재평가 된 것으로 볼 때

인생 1막에서 못 다한 소망
2막에서라도 이루어보겠다면
지나친 욕심일까?

세속적 욕심을 넘어서
평가 받는 몇 편의 작품만이라도
쓰고 싶다면 잘못된 허욕일까? (2019.11)

나에게 시詩는?

늦가을 저물녘
심장의 새로운 떨림으로
운석처럼 찾아온 너

가끔은 사탕 같고
때로는 씀바귀 같고
어쩌면 늦바람 같지만

괴롭고 슬퍼도
외롭고 쓸쓸해도
안타깝고 답답해도
항상 나와 함께하는 너

하루도 혼자 살 수 없는 너는
나의 또 다른 심장
나의 새로운 영혼
나의 마지막 동반자 (2019.11)

겨울비와 늙은 영감

우울한 겨울비가
진종일 심드렁하게 내리던 날
TV 보는 것도 무료하여
괜스레 집안을 서성이다가

창밖을 내다보며
'무슨 놈의 겨울비가 장마같노
참 구슬프게도 내린다'
불평을 해보지만

날이 맑다고 해도
오리도 가리도 없고
오라는 곳도 갈 곳도 없으니
달라질 것은 하나도 없어

쓸데없이 창문을 열고
겨울비를 탓하기도 하며
운동 나가기 싫은 마음
이리저리 핑계놀음 하다가

오후에도 낮잠만 자는 것은
불면의 긴긴 밤에게 미안하다고
또 창문을 열고 밖을 내다보는
일없는 영감의 무료한 나날 (2019.12.1.)

치매癡呆

인간은 잊어야 할 것은 잊지 못하고
잊지 말아야 할 것은 잊어서
고통을 당한다

젊은 시절은 많이 잘 기억하면
천재라 찬양받고 성공하지만
나이 들고 세상이 복잡다단해지면
오히려 모든 것을 잊고 초연해진 사람을
도인이나 초월자라고 존중한다

세월이 더 늙어지면 인간은
본의 아니게도 세상의 모든 것을 잊고
마침내 자기 자신마저 잊게 되는
치매라는 중병을 앓게도 된다

사람은 시기와 상황에 따라
잘 기억하는 것이 좋을 때도 있지만
잘 잊는 것이 다행일 때도 있다

치매도 시각과 관점을 달리하면
힘든 중병이 아니라 망각 자체를
망각하는 현실 초월이나 도인이 되는
지름길로 볼 수는 없을까 (2019.12.28.)

선線

선과 선으로 이어진 세상에는
직선과 곡선 실선 파선 쇄선
수많은 선이 있지만

현실의 삶에서는
욕망과 성취의 희망선인 넘어야할 선과
기득권 보호의 금지선인
넘지 말아야할 선만 존재한다

두 선의 방향은 상반 되고
넘기도 지키기도 어렵지만
서로 조화와 균형을 이루어야만
살만한 세상이 된다

어쩌다 선들이 꼬이고 쏠려서
길도 무지개도 보이지 않고
선들이 삶의 무게만 더할 때는

누구나 기존의 선을 지워버리고
새로운 선을 긋고 싶게 되면
마침내 그렇게 되는 것도 선의 속성 (2019.12.26.)

현명한 처세

사람은 누구나 행복하기 위해서 산다

꿈이 있으면 행복하나
이루지 못하면 불행하다
모든 꿈을 다 이룰 수는 없다

승리하면 행복하나
패배하면 불행하다
언제나 승리할 수는 없다

이상을 성취하면 행복하나
이루지 못하면 불행하다
모든 이상을 다 이룰 수는 없다

많이 소유하면 행복하나
소유하지 못하면 불행하다
누구도 다 가질 수는 없다

불행하기 싫으면 추구하지 말아라
추구하지 않으면 실패가 없고
실패하지 않으면 불행도 없다

혼자 사는 자연인은 그래서 행복하다 (2019.11.30.)

개미의 하소연

눈이 크고 귀가 크면
잘 보고 잘 듣는다 하던데
요즈음 정치인들
고막과 눈동자는
외유를 보냈는가

힘세고 잘 난 사람
너무 크고 너무 높아
자잘하고 작은 것은
시시하고 하찮아서
안 들리고 못 보는가

때리는 시어미보다
말리는 시누이가 더 밉다고
법은 멀고 주먹은 가까워서
을들의 상대적 갑질에
등터지는 개미 신음
안 보고 못 듣는 듯 (2019.1)

욕망

욕망은 누를수록 기쁨이 커지고
마음은 비울수록 행복이 채워진다지만

대망을 가져야 큰 성취를 이룰 수도 있고
큰 희생이 있어야 큰 의를 이룰 때도 있다

누르면 풍선처럼 다른 쪽이 부풀게 되고
비우면 다른 곳에 담아야 할 때도 있다

모든 것은 결과론일 뿐
어느 것도 정답은 없다

주어진 현실에서
자신의 야망과 꿈과 행복을 위해
나름 최선을 다할 뿐이다 (2019.11)

두 여류시인의 시집*을 읽고

시집을 읽다보면
표현도 다르고 내용도 다르지만
어느 순간 시집 속에서
일흔이 넘은 두 여인이 걸어 나온다.

모양새는 달라도 서로 비슷한
분위기와 풍취 일상적이고 수수한 옷차림
단장도 하지 않은 채 우아하지만 쓸쓸하고
외롭지만 슬프지 않은 모습으로

해 저무는 강가 언덕배기 늙은 교목 밑
벤치에 혼자 앉아서 강을 붉게 물들이며
상렬하게 투신하는 서녁놀을 바라보며
떠나보내지 못한 무엇인가를
간절히 그리워하거나

바람도 없이 가볍게 흔들리며 떨어지는
낙엽 한 잎을 바라보며 원인도 이유도 모른 채
눈물 한 방울 뚝 떨어뜨릴 것 같은
늙은 소녀의 모습

찰각, 스틸컷 한 장
동병상련의 내 모습을 보는 것 같았다. (2019.11)

* 류선희님의 『끝없는 변주』와 이두예님의 『스틸컷』이란 시집.

12월의 달력

함께 태어나
한 달씩 수명을 나누어 가진 12 남매
정해진 순서대로 다 떠나가고
내일이면 막내도 그 삶과 역할의 끝

그 후엔 새로운 12 남매가
작년과 다름없이 우리를 찾겠지만
괜스레 보내는 마음은 안타깝고
다가오는 새해는 기대되고 두렵고
가슴 벅찬 것은 마찬가지

시작할 때는 항상 꿈과 희망이 컸지만
돌아보면 올해도 이전의 작년처럼
매달이 작심삼일 후회막급이었을 뿐

누구는 삶이 너무 짧아 그렇다 말하지만
성취와 후회는 하루살이나 바위나 마찬가지
일 년의 수명이 어찌 짧다고 하겠는가

내일이면 사라질 막달 너를 바라보며
해마다 후회하고 반성하지만
항상 남는 것은 도진개진 뿐
앞으로의 새해는 모와 윷만 만당하기를 (2019.12.31)

제5부

송松

나의 시 쓰기 1

구름을 더위잡고 무지개를 멍에하며
허공을 산보하고 태산을 뿌리째 뽑아도
번개를 채찍삼아 천둥을 호령하고
태평양을 건너뛰고 대서양을 뒤집어도
소는 여전히 물가에 서 있을 뿐

살을 바르고 뼈를 깎아 정성을 바치며
언어를 갈고 다듬어서 영혼을 담아도
뼈대를 바꾸고 태를 벗으며
새 술은 새 부대에 담아보아도
공간의 쇠북소리는 여전히 감감할 뿐

손을 뻗으면 닿을 듯한데
아무리 달려도 멀어지는 너의 그림자
땀과 노력은 허공에 날리는 깃발이 되고
외침은 메아리 없는 소리가 될 뿐

맛과 향과 빛깔은 여전히 멀고도 아득한
나의 짝사랑
나의 시 쓰기 (2017)

그리운 너

올 때는
무지개처럼 환상으로 왔다가
갈 때는 한마디 말도 없이
휙~ 지나가는 바람처럼
푸드득 날아가는 새처럼
희미한 안개처럼
너는
그렇게 갔구나.

있을 때는
여름철의 곁불 같더니
가고나니
이빨이 빠진 듯
옷을 벗은 듯
나는
이렇게 안타깝고 부끄럽고 허전하구나.

영영 못 온다면
새로운 기다림이
못 다한 회한이
저녁놀처럼

견우직녀처럼
소쩍새 울음처럼
그렇게 서러울 거야. (2017)

파도

바다는 파란 하늘을 닮은 인자한 어머니였고
파도는 어머니의 얼굴에 윤슬을 수놓는
자랑스럽고 정의로운 아들이었다

바람의 사주를 받거나 꾐을 듣기만 하면
파도는 갑자기 사나운 짐승이 된다.
험상궂은 얼굴로 으르렁거리며 해변으로 달려간다

바람이 지나간 후면 금방 무색해질 텐데
영원을 지향하는 듯
무겁고 큰 덩치로 해안을 퍼렇게 강타한다

깨어진 잔해들조차 발 빠른 수사관들처럼
문어가 발을 뻗듯 바위 틈틈이 모래 짬짬이
한 곳도 남겨두지 않고 구석구석 수색하고 훑어낸다

그래도 뜻을 이루지 못했는지
돌아갈 때는 허옇게 거품을 물고
짜르륵 짜르륵 자갈을 굴리며 다급하게 물러간다

바람이 멈추지 않는 한 파도는
끊임없이 밀려와 때리고 부수고 할퀸다
일제 강점기의 순사들처럼
5공 때의 점령군처럼
그렇게 덮어씌우고 수색하고 짓밟는다

백사장은 갈매기와 바람을 노래하고
아첨하지 않았을 뿐인데
갯바위는 보고도 못 본체
들어도 못 들은 체 침묵했을 뿐인데
침묵하고 인내하는 민중들처럼 (2017)

젊은 날의 꿈

젊은 날
꿈은 삶의 희망
희망은 삶의 의미

고통은 꿈의 자양분
시련은 희망의 밑거름
시련이 클수록 기대되던 내일

꿈이 채색되기도 전에
서리가 희망을 먹고
꿈이 단풍 든 지금

꿈은 후회의 밑거름
시련은 회한의 씨앗
희망은 좌절의 어머니

그래도 꿈은 삶의 의미
희망은 인생의 나침반 (2017)

무미한 삶

근거 없는 자신감과 눈덩이 같던 욕망도
이제는 사치스러운 꿈이 되고
죽어버린 야망은 나의 유일한 자랑
무미의 바다에 허무의 불길만이 타오를 뿐

시간은 바람도 없는 바다를 항해하고
좌절할 희망도 실망할 기다림도 지쳐버린 날
기대조차 저녁안개처럼 희미할 뿐

의욕은 처음부터 없었던 것처럼
일어서려는 의지를 비웃음으로 타매하고
새로운 희망조차 오히려 성가실 뿐

모두가 허무를 향해 바쁘기만 한 시간
무미의 불길만 허위단심 태산준령을 넘을 땐
내가 가야할 곳은 오직 마지막 그곳 뿐

물먹은 솜처럼 무거운 몸과 마음
남은 일은 그냥 모든 것을 체념하고
조용히 그 날을 기다리는 것일 뿐 (2017)

무료한 여름날

간밤엔 요란한 개구리 울음소리에
어린 시절 해질녘 마을 앞
무논에서 들려오던
개구리 울음소리 떠올리며
밤잠 설쳤다 불평하고

폭염경보가 내려진 한낮에도
저 멀리 쪽빛바다 푸른 파도소리와
가끔 분수대에서 깔깔대는
어린이들의 웃음소리와
목청을 자랑하는 매미소리에
낮잠을 설쳤다고 투덜대며

연일 계속 되는 폭염경보 속에
농촌의 80대 노인이 밭고랑에 쓰러져
또 열사병으로 사망했다는
TV 뉴스를 듣다가

그래도
뙤약볕 아래 고향마을 무논에서
쇠파리 쫓으며 김을 매던
그 시절이 그리운 것은,

친구들과 어울려 개구리 잡아
뒷다리 구워먹고 저수지에 목욕한 뒤
소 먹일 꼴을 베어오던
그 시절이 그리운 것은,

열사병으로 죽은 그 영감은
그래도 무엇인가 할 일이 있어서
행복했겠다고 엉뚱한 생각을 하는 것은,

아마도 내가 늙고 할 일이 없고
외로운 탓이거니
더운 날씨에 몸이 덥지 않아서
오히려 정신이 더위를 먹었거니 생각하며
의미 없는 내 인생에
무료한 또 하루를 보탠다. (2018)

산과 바다의 사랑

산과 바다는 서로의 영원한 로망
산은 높고 험한 곳
깊고 거친 곳 가리지 않고
태초부터 바다를 향해 끊임없이 달렸다
바다도 영겁의 시간 동안 잠시도 쉬지 않고
파도를 보내어 산을 마중했다

바다와 산의 애틋한 만남
마침내 산이 바다를 향해
부끄러운 발부리를 내밀면
바다는 따뜻한 가슴으로
산의 발을 쓰다듬고 씻어준다

산과 바다의 운명적 애증
산이 조금만 게으르면
바다는 불같이 화를 낸다
입에 거품을 물고 끝없이 종아리를 때린다
허연 뼈가 드러나도 멈추지 않고
밋밋한 발부리가 기이한 절벽이 될 때까지
기이한 절벽이 신비한 비경이 될 때까지

산과 바다의 맹목적 사랑
산과 바다는 아무리 힘들어도
서로를 떠날 수가 없다
피부가 터지고 만신창이가 되어도
퍼렇게 가슴이 멍들어도
첫 만남의 추억을 잊을 수가 없다
맹목盲目의 사랑은 그래서 아픈 것인가 보다 (2017)

삶의 위로

좀 괴로우면 어때.
동토에서 한 겨울을 나지 않고
아름답게 피는 봄꽃이 있더냐?

좀 힘들면 어때.
비바람에 흔들리지 않고
크게 자란 거목이 있더냐?

좀 우울하면 어때.
여름철의 따가운 햇볕을 감내하지 않고
열매 맺는 결실이 있더냐?

좀 암담하면 어때.
밤이 어두울수록
아침의 태양은 더 찬란하지 않더냐?

좀 슬프면 어때.
슬픔이 있어야
기쁨도 있는 것이 아니더냐?

좀 외로우면 어때.
연리지와 비익조도
갈 때는 혼자 가지 않더냐?

어차피 인생은
그저 그렇게 통속한 것이지만
생각이 바뀌면 인생도 바뀌지 않더냐?

햇볕도 어둠도 겨울도
비바람도 구름도 모두
아름다운 꽃과 열매를 위해 준비된 것 아니겠나. (2017)

추억

세월에 바래지 않는 것이 있으랴마는
추억은 새롭게 써지는 마음의 일기장

눈 감으면 더 선명한 젊은 날의 꿈들
잊으려하면 더 또렷한 지난날의 눈물들

생각을 말자하니 더 아쉬운 선택들
후회를 말자하니 더 안타까운 한숨들

그리워말자니 더 생각나는 다짐들
꿈꾸지 말자하니 더 느꺼운 야망들

세월에 바래지 않는 것이 있으랴마는
추억은 마음에 새겨진 세월의 낙인 (2017)

섬

바다는 이 세상 무엇보다 크고
이 세상 무엇보다 많은 것을 가졌다

사방으로 바다를 소유한 섬은
바다의 주인이자 무상無上의 부자다
아무도 살지 않는 무인도는
나누어 가질 자가 없어서 더 큰 부자다

다만 너무 많이 소유하면 지키기 어렵고
지키기 어려우면 남을 의심하게 되고
의심하면 고독하게 된다

섬도 부자라서 친구가 적고 외롭다
친구는 고요한 적막과 변덕쟁이 바람과
말 못하는 물고기와 엉큼한 갈매기뿐이다

가난한 사람은 지킬 것이 없어서
시기하고 질투할 친구보다
동병상련의 친구가 더 많기 때문에
부자만큼 외롭지도 괴롭지도 않다 (2017.7)

2019년도 부산의 첫눈

고공의 난무 지상의 순치
천변만화 무궁한 솜씨
천지에 흰 비단을 펼친 듯

눈 맞은 나무마다
등과 배가 대조되는
야누스의 두 얼굴
푸른 솔은 눈을 이고
천년이나 늙었다

마주보는 눈동자엔
웃음꽃이 피어나고
가슴마다 하얀 마음
한결같이 포근하다

동심으로 재편되는
경건하고 하얀 세상
뜻밖의 신기함에
조화옹도 놀라는 듯 (2019.2.1.)

물의 운명

바다에서 생겨나 대지를 적시고
만물의 생명을 잉태시키는 물

방울방울 모여서 냇물이 되고
냇물이 모여서 강물이 되어도

끝없이 모이고 흘러서
바다에 이를 때까지
바다로만 향한 일편단심

지나는 길목마다 모든 생령의
더러움을 씻고 삶의 애환을 담고
도도한 역사의 이치를 담아도

물은 태어나면서부터
바다가 될 때까지 바다를 향한
사랑을 잠시도 멈추지 않는다

인간이 죽는 날까지
꿈과 희망을 버릴 수 없듯 (2019.9)

인연

과거를 먹고 태어난 인연
현재가 미래와 손잡는 지금
삭아진 동아줄 벌써 끊어졌는데
아직도 미련이 황금이겠나?

소쩍새 봄을 울어 꽃이 피는데
풍설이 날린다고 겨울이 오겠나?

수미산도 부처님 일갈이면
티끌이 된다는데
때 묻은 인연이 오는 인연 막겠는가?

인연이 인연을 낳고
묵은 인연이 새 인연을 만드는데
지난 인연 울어본들
가는 인연 잡겠는가?

가는 인연 오는 인연
좋은 인연 나쁜 인연
마음 따라 생겼는데
마음 이미 떠났으면
갔던 인연 오겠는가?

가는 인연 잡지 말고
오는 인연 막지 말자
인연은 인연 따라 오고 가는 것을 (2017)

인터넷이 고장 난 어느 날

고장난 인터넷과 시름하던 어느 날
헝클어진 마음 달래기 위해
무심코 집어든 '문학도시' 8월호

어수선한 마음
건성의 눈길 닿은 '이달의 평'
시보다 서정적인 표현
수필보다 더 시적인 비평
상큼한 햇살 시원한 산들바람
따뜻한 봄날 같은 시선
나도 몰래 행간에 발을 멈춘다

장을 넘겨 나타난 제멋의 시편들
수많은 상징, 비약, 은유, 생략, 이미지
무엇을 말하려는지 알 수도,
느낄 수도, 감동도 없지만
그래도 나름의 진실과
인생을 말하려 최선을 다했을 터
무식한 내 안목을 탓할 수밖에

안타까운 기분 접어 책갈피에 끼우고
그 다음 수필은 내일을 기약하며
가벼워진 마음으로 오늘을 덮는다 (2017)

아내의 새벽기도

오늘 아침도 혼밥이다
생존과 구차함을 마주했다
밥알이 모래알처럼 일어선다
아내의 지극한 기도발이다

점심도 혼밥이다
아침과 똑 같은 반찬이다
익숙해서 오히려 좋다
아내의 기도발이 익은 결과다

저녁은 건너뛴다
점심과 달라서 신선하다
건너뛰기도 이제 선수가 되었다
아내의 정성이 결실을 맺은 결과다

몸보다 마음이 피곤한 하루다
생각을 지우니 번뇌도 잦아든다
지워진 글씨처럼 희미하게 드러눕는다
꿈도 없는 밤이 오히려 편안하다

내일은 새로운 삶을 쓰고 싶지만
아내의 기도는 끝나지 않았다
나는 강제로 도시의 산승이 된다
나도 나만의 기도를 만들어야 할까보다 (2017)

지하철

지하철은
어둡고 큰 입을 벌리고
하루 종일 온갖 물상物像을
집어삼키고 뱉는 블랙홀이다

아침에는
만물이 깨어나기도 전
눈꺼풀은 무겁고
다리는 힘이 풀렸지만
사람마다 품고 있는
희망과 의지와 다짐을 삼키고

저녁이면
하루의 일과를 마친 뒤
몸은 나른하고 발걸음은 무겁지만
가슴마다 가득 품은
만족과 기쁨을 토해낸다

지하철은
아침부터 밤까지
희망과 만족을 번갈아
삼키고 토하는 요술램프다 (2018)

출세

수구리 하면 숙이고 짖어 하면 멍멍멍
바른 말은 머금고 아첨 말만 자주해서
승진했다 자랑하면,

거절 말은 삼키고 지당함만 부르짖고
앞에서는 알랑알랑 밖에서는 호가호위
영전했다 자랑하면,

자존심은 포맷하고 노예근성 드러내며
공익은 던져두고 뇌물만 전심해서
출세했다 자랑하면,

약자에게 호령하고 강자에게 무릎 굻고
곡학아세 자기기만 잘난 줄로 착각해서
저 혼자서 으스대면,

불의와 타협하고 불법과 악수하며
정의는 찜해먹고 그것도 성공이라
동네방네 자랑하면,

후손에게 부끄럽다.
구취만년 하겠구나. (2017)

맏 누님의 죽음 앞에서

십남매의 맏이로 태어나서 온갖 풍상 다 겪다가
두서없이 먼저 가니 인생 백년 길다하나
숨 안 쉬면 죽음이요 방문 밖이 저승이니
형제도 필요 없고 자식도 쓸데없다.

뒤에 남은 동생들과 나이 차가 너무 커서
한 둥지에 부화해서 몸 부비며 성장하던
제비새끼와 같겠냐만 피를 나눈 형제로서
골육의 정이야 다를쏘냐?

80넘게 살았으니 호상이라는 말도
풍진 세상에 더 이상 여한이 없다는 말도
새빨간 거짓말
춘설에 떨어지는 못다 핀 꽃이나
된서리에 떨어지는 가을꽃이나
슬프기는 마찬가지

한 나무에 피었다가 두서없이 떨어져서
갈 때는 가는 곳조차 모르는 꽃잎처럼
마지막 가는 길에 두 번 절하고
돌아갈 길 멀다며 서둘러서 돌아서니
죽살이가 허망하여 형제라는 것이
오히려 부끄럽다

회자정리會者定離와 거자필반去者必返은
인간의 숙명이라지만
년 전에 나누었던 눈인사가
마지막 결별이 될 줄 꿈에나 알았겠는가?

소쩍새 밤을 울어 봄밤은 짧은데
인간의 한 평생도 일장춘몽이로구나.

그래도 저승에는
먼저 가신 부모님과 형제자매 있을 터이니
부처님 원력으로 이승의 여한일랑
이승에 던져버리고 저승에서 서로 만나
복락을 누리소서.

우리도 머지않아 뒤따라 갈 것이니
이승의 못 다한 정 다시 만나 나눕시다.
어떤 위로도 말뿐임을 알기에
가슴을 치는 슬픔을 억누르며
저승에서의 만남을 기약하며
삼가 명복을 빕니다. (2019)

회한

그립다 하니 너무 아쉽고
아쉽다 하니 더욱 그립다.
지나간 청춘이
흘러간 사랑이
깨어진 맹서가
부서진 희망이
꺾어진 의지가

한스럽다 하니 너무 후회스럽고
후회스럽다 하니 더욱 한스럽다.
착각한 판단이
잘못된 선택이
그릇된 행동이
구부린 신념이
사라진 이상이

그립다 하니 너무 아쉽고
후회스럽다 하니 더욱 한스럽다. (2017)

발跋

 문학에 대한 정의는 학자들마다 조금씩 다르고 다를 수 있다. 그러나 문학이 인간의 삶과 함께 생성되고 발전했으며 다른 장르와 달리 언어를 그 표현 수단으로 한다는 점에서 문학은 인생의 표현이자 모방이며 언어로 표현하는 예술의 한 분야라는 점은 대체로 인정하는 편이다.
 그 기능에 대해서도 여러 가지 이설이 있기는 하지만 대체로 문학은 독자들에게 교훈을 주고 인생의 진실을 보여 주어 삶의 의미를 깨닫게 한다는 교시적敎示的 기능과 독자에게 고차원적인 정신적 즐거움이나 미적 쾌감을 준다는 쾌락적快樂的 기능 그리고 어느 한 쪽에 치우치지 않고 종합적인 것으로 이해되어야 한다는 종합적綜合的 기능을 가져야 한다고 한다.
 이런 점에서 문학다운 작품이 되려면 마땅히 위와 같은 문학의 정의에 합당하고 문학이 가져야 하는 기능에도 충실한 그러한 작품이 되어야 한다고 할 수 있다.
 그러나 작금의 현실은 문학이 이러한 기능을 제대로 다하고 있는가 하는 점에서 상당한 문제가 있다는 생각이

든다. 그 이유를 독자들에게 들어보면 '시는 너무 어렵고 수필은 대부분 너무 자잘하고 일상적인 이야기일 뿐이고 소설은 길어서 읽을 시간이 부족하기 때문에 어느 것이든 읽고 즐길만한 것이 못 된다'는 것이다.

그러면 현대의 문학이 왜 독자들에게 이러한 인식을 심어주고 이러한 대접을 받게 되었는지를 이들 중 시분야만 뚝 떼어서 한 번 생각해 보기로 한다.

시 분야는 부산에서만도 현재 문단에 등록된 시인을 기준으로 살펴봐도 무려 천여 명의 시인이 있고 또 매년 수십 명의 신인 작가들이 배출되고 있다. 그리고 매년 수십 권의 시집도 출판되고 있다. 몇 십 년 전의 상황과 비교해보면 양적인 측면에서는 정말 놀랄만한 발전과 성장이라 할 수 있다. 또 해마다 연말이 되면 온갖 명목의 수많은 상을 만들어 서로 훌륭한 작가라고 추어주고 상과 상금을 주며 서로 대단하다고 칭찬을 아끼지 않는다. 그러나 질적인 측면에서는 이전보다 크게 발전한 작품과 작가도 드물고 특히 독자들에게 사랑받고 인구에 회자되는 그런 시인과 시는 더욱 드문 실정이다.

그럼 우리의 시단이 왜 이렇게 되었는가? 이것은 우리가 왜 글을 읽고 쓰는가를 생각해보면 그 문제점이 무엇인지는 금방 알 수가 있다. 즉, 글은 읽히기 위해서 쓴다.

읽히지 않는 글은 써지지 않은 글과 같고 또 지금 읽히지 않는 글은, 읽을 여건에 문제가 있거나 유통 과정의 문제로 당대에 읽히지 않았으나 후대에 읽히게 되었던 과거의 작품들과는 달리 앞으로도 영영 읽히지 않을 가능성이 더 높다. 그러므로 읽히지 않는 글은 쓸 필요도 없고 이유도 없고 가치도 없다고 할 수 있다.

그런데 읽히지 않는 근본의 이유는 앞에서 살펴본 바와 같이 너무 어렵고 재미가 없다는 것이 가장 큰 문제다. 여기에서 시가 왜 어려워야 할까? 어려워야 참신하고 새로운 것일까? 또 어려워야 독창적이고 훌륭한 시가 되는 것일까? 하는 문제를 제기하지 않을 수 없다.

하기야 훌륭한 평론가들은 어렵고 난해한 그러한 시를 신기하게도 잘 해석해 내고 대단한 작품이라고 추어주는 것이 현 시단의 추세이니 까막눈인 나는 나 자신을 탓할 수밖에.

그러나 조선 시대의 시조문학의 최고봉이자 시어의 연금술사로 높이 평가받는 윤선도나 그 밖에 황진이 등 뛰어난 여류시인들이 높이 평가 받는 것은 그들의 시가 순우리말을 적재적소에 잘 다루어 썼기 때문에 그렇게 평가 받는 것이지 현대의 시처럼 일상적인 언어 관계를 파괴하여 낯설기를 하거나 유대관계가 느슨한 말과 말, 문장과 문장을 잇대어 상식을 뛰어넘는 그런 표현을 잘 했기 때문이 아니라는 것은 누구나 다 알고 있는 사실이다.

그런데도 현대의 시인과 시들은 옛날과 다른 그러한 시들을 추구하고 또 평론가들은 그러한 시를 참신하고 독창적인 시라 평가하고 있다. 이에 따라 현대에 훌륭한 작가로 이름을 얻고자 한다면 누구나 작가와 평론가만 알고 있는 그런 시를 써야 한다.

그러나 이렇게 해서 창작된 시는 독자들이 한두 번 읽어서 그 시가 무엇을 말하려고 하는지 이해한다는 것은 거의 불가능하고 더군다나 즐긴다는 것은 창작 될 때부터 불가능하다는 것을 전제로 하고 있었다고 할 수 있다.

그런데 현대는 힘들고 더럽고 재미없는 일은 3D 업종이라 하여 누구든지 하기 싫어한다. 뿐만 아니라 즐기는 것도 쉽고 편하게 순간순간 계속적인 자극과 즐거움을 주는 것을 추구한다. 그리고 현대는 전자 매체가 고도로 발달해서 힘들이지 않고 눈만 뜨고 있어도 저절로 즐거움과 쾌락을 가져다주는 영상물들이 넘쳐나고 눈을 감아도 귀를 즐겁게 하는 음악들이 넘쳐난다. 이러한 상황에서 힘들여서 억지로 글을 읽고 또 읽어도 무엇인지 잘 알 수도 없다면 누가 고통을 감수하며 이런 글을 읽고 또 그러한 것을 통해서 즐거움을 얻으려 하겠는가? 입장을 바꾸어 생각해보면 시가 독자들에게 멀어질 수밖에 없게 된 이유는 누구나 쉽게 이해할 수 있을 것으로 판단된다.

이런 점에서 현대의 글은 일단 읽고 이해하기 쉬워야 하고 그 다음은 읽는 내내 즐거움을 주어야 하며 아울러서 읽고 난 뒤에는 교훈적이지는 않더라도 다른 양식에서는 얻을 수 없는 어떤 깨달음과 감동과 공감 등의 느낌을 줄 수 있어야 한다.

물론 글을 쓴다는 것이 독자의 기호에만 맞추어 시대와 독자에게 아부하는 그런 통속적이고 저속한 글을 써야 한다는 것은 아니다. 그러나 시대가 변하고 또 독자도 변하고 독서 환경도 변했다면, 또 글을 쓰는 사람도 글을 쓰는 목적이 자신이 쓴 글을 누군가가 읽어주고 또 공감하는 것을 목적으로 했다면 일단 읽히는 것이 가장 중요한 일이 될 것이고 또 읽힐 수 있도록 어느 정도 독자들과 타협하는 것이 필요하다고 할 것이다. 그러므로 자신의 글쓰기가 아무리 낯설게 하기 등의 기법이 훌륭하고 뛰어난 표현 방식이라 하더라도 읽고 즐길 수 있는 독자가 원하지 않는다면 그리고 시대의 독서 환경이 그렇지 못하다면 다시 한 번 생각해 볼 문제가 아닌가 한다.

필자는 시체 말로 현대에 잘 나가는 어려운 시를 쓸 능력도 없고 또 이해할 능력도 부족하다. 그래서 독창적이고 개성적인 작품으로 만들어 준다는 낯설게 하기 등의 표현방법은 앞으로 나아갈 방향과 목표로 삼기는 하겠지만, 현재로서는 낯설게 하기보다는 어느 정도 낯익은 즉 평소에 익숙한 문장을 중심으로 시를 쓰고 싶다. 그리고 그 속에 개성적이고 독창적인 의식과 의미를 담아서 전하고 싶다.

  여기에 실린 작품들은 대체로 누구나 현실에서 일상적으로 느낄 수 있는 감정을 익숙하고 잘 아는 문장과 어휘를 사용하여 표현하였다. 그런 과정 속에서 다만 행간에 더 많은 의미를 내포할 수 있도록 해야 되겠다는 마음으로 나름으로는 애를 많이 썼다. 이런 점에서 모든 작품들이 독자들에게 우선 읽기 편하고 쉬운 느낌을 주고 즐거운 마음으로 읽을 수 있는 그런 글이 되고 그런 과정을 통해서 무엇인가 작가와 함께 공감하고 느낄 수 있는 그런 글이 되기를 희망한다.

  필자의 시와 시집은 필자가 추구하는 시의 방향과 성격이 이와 같기 때문에 훌륭하신 평론가의 해설 등이 필요할 만큼 그렇게 어려운 작품이 아니라고 생각된다. 그래서 시집의 말미에 해설을 붙이는 것이 시단의 대세이고 또 필자의 시집도 여러 가지로 부족한 점이 많기 때문에 훌륭한 평론가님의 조언과 질정이 필요할 수도 있겠다는 생각이 듦에도 불구하고 이번의 시집에도 해설을 붙이지 않았다. 다만 나중에라도 해설이 필요하다는 독자의 요구가 있고 또 필자 스스로도 그러한 생각이 든다면 언제든지 평설과 해설을 붙이도록 하겠다.

(2020.1.26.)

어깃장

초판1쇄 발행　2020년 5월 15일

지은이　김수봉
펴낸이　이길안
펴낸곳　세종출판사

주소　부산광역시 중구 흑교로 71번길 12 (보수동2가)
전화　051-463-5898, 253-2213~5
팩스　051-248-4880
전자우편　sjpl@chol.com
출판등록　제02-01-96

ISBN　979-11-5979-348-6　03810

정가 10,000원

이 도서의 국립중앙도서관 출판예정도서목록(CIP)은 서지정보유통지원시스템 홈페이지
(http://seoji.nl.go.kr)와 국가자료공동목록시스템(http://www.nl.go.kr/kolisnet)에서
이용하실 수 있습니다. (CIP제어번호: CIP2020017709)

* 잘못된 책은 교환해 드립니다.